Historia de Estados Unidos
LA CONSTRUCCIÓN DE UN IMPERIO

La compra de Luisiana

Escrito por Linda Thompson

Rourke
Educational Media
rourkeeducationalmedia.com

*Scan for Related Titles
and Teacher Resources*

www.rourkeeducationalmedia.com

PHOTO CREDITS:
Courtesy Butch Bouvier, www.keelboat.com: page 33; Courtesy Charles Reasoner: pages 16, 35; Courtesy Independence National Historic Park: pages 25, 26; Courtesy Library of Congress, Edward S. Curtis Collection: pages 31, 37, 38; Courtesy Library of Congress Prints and Photographs Division: Title Page, pages 5, 7, 8, 9, 10, 11, 12, 17, 18, 19, 20, 23, 24, 28, 29, 34, 42; Courtesy National Archives and Records Administration: pages 22, 30, Courtesy National Parks Service: pages 6, 39, 43; Courtesy Rohm Padilla: pages 4, 13, 27; Courtesy U.S. Army, Center of Military History: page 15; Courtesy U.S. Senate Archives: 21, 40; Courtesy U.S. Fish and Wildlife Service: pages 40, 41; Courtesy USGS: page 36.

Edited by Jill Sherman

Cover design by Nicola Stratford, bdpublishing.com

Interior layout by Tara Raymo

Translation and composition for the Spanish version by Cambridge BrickHouse, Inc.

Library of Congress PCN Data

Thompson, Linda
Building an Empire: The Louisiana Purchase / Linda Thompson.
ISBN 978-1-62169-842-5 (hard cover - English)
ISBN 978-1-62169-737-4 (soft cover - English)
ISBN 978-1-62169-946-0 (e-Book - English)
ISBN 978-1-63155-122-2 (hard cover - Spanish)
ISBN 978-1-62717-034-5 (e-Book - Spanish)
Library of Congress Control Number: 2014941374

Also Available as:

Rourke Educational Media
Printed in the United States of America,
North Mankato, Minnesota

rourkeeducationalmedia.com
customerservice@rourkeeducationalmedia.com • PO Box 643328 Vero Beach, Florida 32964

CONTENIDO

Capítulo 1

LUISIANA: EL NUEVO TERRITORIO

Solo 20 años después de lograr su independencia, Estados Unidos, de repente, y debido a un gran golpe de suerte, duplicó el tamaño de su territorio. Cincuenta años después, la joven nación se extendió a través de inmensas praderas y de altísimas montañas hasta llegar al océano Pacífico. La manera en que Estados Unidos creció con tanta rapidez en tan corto tiempo, es aún una historia increíble.

Thomas Jefferson (1743-1826) fue el tercer presidente de Estados Unidos.

Fue en 1803 que Estados Unidos registró su mayor expansión, cuando el presidente Thomas Jefferson tomó una audaz decisión que duplicó el tamaño del país: La compra de Luisiana. El nuevo **territorio** se extendía desde el río Mississippi hasta las montañas Rocosas, un área total de aproximadamente ¡828,000 mi² (2,144,354 km²) de terreno!

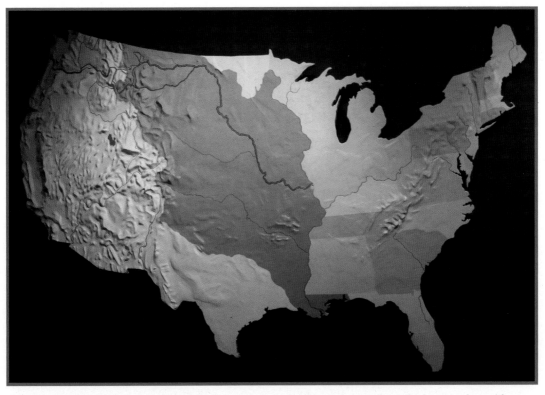

La mayor parte del territorio de Luisiana no había sido explorado hasta después de su compra por parte de Estados Unidos.

A principios del siglo XIX, Estados Unidos tenía solamente 17 estados y el enorme "Territorio del Noroeste" que rodeaba los Grandes Lagos. Había casi cinco millones y medio de norteamericanos y la mayoría de ellos vivía en la **costa** oeste. Sin embargo, después que terminó la Guerra de Independencia en 1783, más de 700,000 colonos se habían mudado al oeste de los montes Apalaches. Ellos ocuparon la región que después llegó a ser Ohio, Indiana, Illinois, Kentucky, Tennessee, Alabama y Mississippi. Esta gente, que ya en el año 1803 superaba en número de ocho a uno a los nativos americanos, eran familias de granjeros, comerciantes de pieles, cazadores y aventureros. Muchos de ellos utilizaban el río Mississippi y el puerto principal de Nueva Orleans para enviar sus productos a la costa del Atlántico y a Europa.

Pero el bajo Mississippi y Nueva Orleans permanecían en manos extranjeras. Luisiana, originalmente reclamada por los exploradores franceses en nombre del rey **Luis XIV** en 1682, estaba bajo el control español desde 1763. Con la Guerra de Independencia, Estados Unidos obtuvo el territorio del noroeste, mientras Gran Bretaña se

Rey Luis XIV (1638-1715)

quedó con Canadá y continuó reclamando el territorio de Oregón. Sin embargo, España aún controlaba la Florida, el suroeste y todo el territorio desde Texas hasta el océano Pacífico.

La Proclamación de 1763 declaró que las colonias no podrían construir al oeste de los montes Apalaches, lo cual cambió después de la Guerra de Independencia.

A pesar de que España había sido su aliada durante la Guerra de Independencia, estaba decidida a no permitir la entrada de norteamericanos en su territorio. Las escasamente pobladas tierras al oeste del río Mississippi servían, en particular, como una excelente zona para amortiguar los deseos de los norteamericanos, ansiosos siempre de más terreno, sobre las ricas minas de plata españolas en México.

Los norteamericanos que vivían cerca de la **frontera** se sentían desatendidos por su gobierno. Algunos políticos en áreas remotas empezaron a animar a ciertos grupos para que se **separaran** de Estados Unidos y se unieran a España. En ese momento, el Congreso tenía que decidir si alentar o no la colonización del oeste y, en 1787, aprobó la Ordenanza del Noroeste. El acta decía que los colonos podían elegir un gobierno territorial cuando vivieran en un "distrito" 5,000 hombres, (sin incluir a los esclavos), y que podían solicitar estadidad con una población de 60,000 habitantes.

Thomas Jefferson sugirió muchos nombres para los nuevos estados, tales como Metropotamia, Pelisipia y Slyvania.

Thomas Jefferson, John Adams y Benjamín Franklin hacen el borrador de la Declaración de Independencia que redactó Jefferson.

A los hombres que combatieron por los Estados Unidos se les llamó patriotas.

LA GUERRA DE INDEPENDENCIA

Después de las guerras con Francia, Inglaterra se quedó con un imperio creciente y con una deuda inmensa. Por esta razón, el rey decidió aumentarles los impuestos a las colonias americanas. Los colonos protestaron y empezaron a formar un ejército. La Guerra de Independencia comenzó en 1775, y el 4 de julio de 1776, el Segundo Congreso Continental aprobó la Declaración de Independencia. Los ingleses se rindieron en 1781, y se firmó el Tratado de París el 3 de septiembre de 1783. Inglaterra les concedió la independencia a las 13 colonias.

Antes de la Guerra Civil, Nueva Orleans tenía la población de negros libres más grande del Sur. En escuelas de oficios como esta, ellos podían desarrollar destrezas útiles para ganarse la vida.

A través de su historia colonial, Nueva Orleans y sus alrededores han tenido características únicas. Tenían una gran población africana, la mayor parte, de una región de África Occidental. Muchas personas negras no eran esclavas, sino comerciantes libres. En 1795, casi la mitad de los carpinteros, ensambladores, zapateros, plateros, armeros y costureras eran negros libres. Los nativos americanos también formaban una gran parte de la población durante el siglo XVIII, y comerciaban alimentos, medicinas y otros bienes con los colonos, a los que les enseñaron métodos de construcción y juegos. Después de la Independencia, Nueva Orleans se convirtió en un centro de comercio regional, con muchas tiendas y puestos de mercado en toda la ciudad. Como España y Francia tenían colonias en las Antillas Occidentales y mandaban especias, tabaco, azúcar y esclavos a Norteamérica a través de Nueva Orleans, esta ciudad tenía una mezcla de gente, culturas e idiomas que no existía en ninguna otra parte de la nación.

LOS CAJUNES

Luisiana ha sido por mucho tiempo el hogar de los cajunes, descendientes de inmigrantes de habla francesa que fueron obligados a salir de Nueva Escocia, Canadá, a mediados del siglo XVIII. La palabra *cajún* quiere decir "persona de Acadia", antiguo nombre de Nueva Escocia. Los ingleses los forzaban a subir a bordo de sus barcos, y vagaron por años hasta que por fin fueron bienvenidos por las autoridades españolas de Luisiana. Hoy cerca de 85,000 estadounidenses afirman que son cajunes, y 45,000 de ellos viven en Luisiana. Son conocidos por su cocina, su música y su danza.

La comida cajún tiende a hacerse con mariscos y mezclas de especias, lográndose comidas saludables y deliciosas.

En 1763, Luis XV, **sucesor** de Luis XIV, le había dado Nueva Orleans y el vasto territorio de sus alrededores, de fronteras generalmente indefinidas, a su primo Carlos III de España. España, recelosa del gran número de recién llegados a sus territorios, cerró Nueva Orleans y el bajo Mississippi a los extranjeros, en 1784. Once años después, preocupada de que la potente Gran Bretaña intentara apoderarse de Luisiana, firmó el Tratado de Pinckney con Estados Unidos, asegurando la libre navegación por el río Mississippi para los norteamericanos, y estableciendo Nueva Orleans como puerto libre de impuestos.

Mientras tanto, durante la Revolución Francesa, que comenzó en 1789, había sobresalido un poderoso general, Napoleón Bonaparte. Napoleón llegó a ser emperador de Francia y conquistó territorios en toda Europa. Los norteamericanos sospechaban que Napoleón quería hacer lo mismo en el Nuevo Mundo.

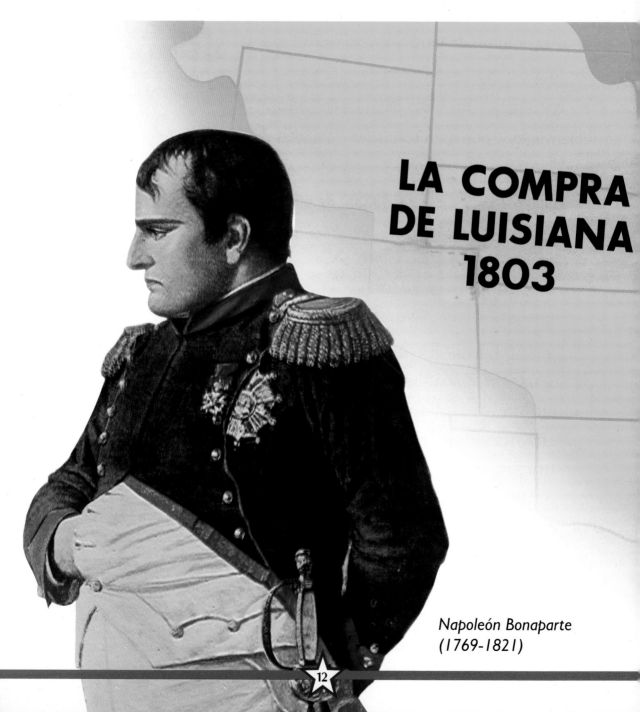

LA COMPRA DE LUISIANA 1803

Napoleón Bonaparte (1769-1821)

LUISIANA ENTONCES Y AHORA

Luisiana era el nombre de un enorme territorio que compró el presidente Jefferson. Era un extenso terreno yermo que se extendía desde el Golfo de México hasta Canadá y desde el río Mississippi hasta las montañas Rocosas. Hoy en día, ese territorio abarca 15 estados diferentes: Arkansas, Colorado, Iowa, Kansas, Luisiana, Minnesota, Missouri, Montana, Nebraska, Nuevo México, Dakota del Norte, Oklahoma, Dakota del Sur, Texas y Wyoming. El estado de Luisiana que conocemos hoy en día, se conocía entonces como Territorio de Orleans. Cuando el Territorio de Orleans, que tiene forma de bota, se incorporó como estado en 1812, se renombró como Luisiana.

ESTADO DE LUISIANA

Capítulo 2

EL TRATADO SECRETO DE NAPOLEÓN CON ESPAÑA

Con esperanzas de reconquistar las Antillas Occidentales Francesas, de las que se habían perdido gran parte en la década de 1790 debido a levantamientos de colonos, a Napoleón le pareció que Nueva Orleans sería un puerto conveniente para abastecer a las Antillas Occidentales de alimentos y madera. Napoleón le ofreció a María Luisa, la reina de España, el reino de Etruria, en Toscana, Italia, a cambio de Luisiana. La reina se entusiasmó porque había crecido en Etruria. A su esposo, el rey Carlos IV, también le agradó, porque gobernar Luisiana estaba agotando sus recursos y reduciendo el tesoro español. Esa sería una buena manera de retener la zona de amortiguación para proteger la colonia mexicana y hacer que Francia pagara los gastos.

Bandera de España

Bandera de Francia

España y Francia formalizaron la entrega de Luisiana en secreto, con el Tratado de San Ildefonso, en 1800. El secreto fue necesario porque, de enterarse los estadounidenses, podían haber atacado a las débiles fuerzas españolas en Nueva Orleans. Esto hubiera sido más ventajoso para Estados Unidos, en lugar de esperar a que Francia, una nación mucho más poderosa, controlara Nueva Orleans.

En 1801, el recién elegido presidente, Thomas Jefferson, se alarmó al saber que el puerto de Nueva Orleans podría encontrarse de nuevo en manos francesas. Dijo que si el rumor era cierto: "…era imposible que Francia y Estados Unidos pudieran continuar siendo amigos". El 15 de octubre de 1801, nombró a su amigo, Robert Livingston, ministro de Estados Unidos en Francia. Su misión era convencer a Napoleón de que no adquiriera Luisiana para no dañar las relaciones con Estados Unidos.

AGENTE SECRETO NÚMERO 13

James Wilkinson, amigo de Jefferson, aceptó secretamente, en Nueva Orleans, convertirse en espía al servicio de España. Se le llamaba "Agente secreto N°. 13" y cobraba $2,000 al año. En la década de 1790,

le aconsejó a España que fomentara la colonización norteamericana de Luisiana. El secretario de estado, Jefferson, escribió con estusiasmo: "Quisiera que cien mil de nuestros habitantes aceptaran la invitación. Sería la forma de obtenerla pacíficamente, lo que de otra manera nos costaría una guerra".

James Wilkinson (1757-1825)

El general Toussaint L'Ouverture (1743–1803)

Livingston trató de persuadirlos, pero los franceses insistieron en que no tenían ningún pacto con España en cuanto a Luisiana. Mientras tanto, Livingston se enteró de que miles de soldados franceses se dirigían a St. Domingue (actualmente Haití), una colonia francesa que se había rebelado. Al frente de la rebelión estaba el general Toussaint L'Ouverture, antiguo esclavo. Napoleón quería reconquistar la isla, especialmente por su valiosa cosecha de azúcar.

THOMAS JEFFERSON

Thomas Jefferson fue probablemente el presidente de Estados Unidos con más preparación. Se graduó de la Universidad William and Mary, donde estudió leyes. Era un estudioso de las ciencias, la agricultura y la historia de la política. Fue un exitoso abogado antes de dedicarse a la política como primer secretario de estado del presidente Washington. Fue un gran arquitecto y diseñó su propia casa, Monticello, que se encuentra en el reverso de la moneda norteamericana de cinco centavos. Falleció el 4 de julio de 1826, en el 50

aniversario de la Declaración de Independencia. Quiso ser recordado únicamente como autor de la Declaración de Independencia, fundador de la Universidad de Virginia y luchador por la libertad de credo.

Monticello, la hacienda de Thomas Jefferson que se encuentra en Viriginia. Hoy en día, esta se representa en la parte posterior del níquel EE.UU.

LA FIEBRE AMARILLA

La fiebre amarilla fue una enfermedad muy extendida en los siglos XVIII y XIX. Durante mucho tiempo, la gente pensaba que la enfermedad se

transmitía por el aire. En cierto modo era así. La fiebre amarilla se transmite por los mosquitos. Las ciudades ubicadas cerca de las ciénagas o los pantanos tenían a menudo brotes de fiebre amarilla. Miles de personas murieron a causa de esta enfermedad.

La epidemia de fiebre amarilla alcanzó su punto máximo en Nueva Orleans durante los años 1833 y 1853.

Livingston le pidió a Napoleón que le cediera Nueva Orleans a Estados Unidos, prometiéndole que el puerto permanecería libre de impuestos para los barcos franceses, pero Napoleón no estaba interesado. Por el contrario, ordenó a su ministro de la marina que se preparara para tomar Luisiana por asalto, en caso de que los norteamericanos se resistieran. Pero el ministro no pudo reunir una armada, porque la mayoría de los barcos franceses ya habían zarpado para St. Domingue. Napoleón no sabía que sus tropas estaban siendo diezmadas por las fuerzas de Toussaint L'Overture y también por la fiebre amarilla.

JEFFERSON LE DIJO A LIVINGSTON

"Hay en el mundo un lugar que le pertenece a nuestro enemigo natural. Es Nueva Orleans, por donde tienen que pasar los productos de tres octavos de nuestro territorio, para llegar al mercado. El día en que Francia tome posesión de Nueva Orleans… nos tendremos que aliar con la armada y la nación de Gran Bretaña".

Robert Livingston (1787-1856)

El 16 de octubre de 1802, el gobernador español de Luisiana, súbitamente les revocó el derecho a almacenar carga en la ciudad de Nueva Orleans a los comerciantes estadounidenses. El hecho, efectivamente cerró de nuevo el puerto a los barcos norteamericanos. Ciudadanos y políticos se enfurecieron y comenzaron a pedir que mandaran tropas para tomar Nueva Orleans. Jefferson comprendió que tenía que actuar y mandó a James Monroe a Francia como "**enviado extraordinario**" para que ayudara a Livingston con las negociaciones.

James Monroe (1758-1831)

PALABRAS DE NAPOLEÓN

"Luisiana, su territorio y sus dependencias serán parte de Estados Unidos y se convertirán, a su debido tiempo, en un estado, o varios, según los términos de la Constitución de Estados Unidos... Estados Unidos se compromete a favorecer de manera especial el comercio y la navegación de los ciudadanos franceses... Las naves francesas y españolas así como sus mercancías no serán sujetas a derechos de aduana o aranceles, los que sí podrán ser impuestos a otras naciones".

Decreto de Napoleón autorizando la venta de Luisiana, el 23 de abril de 1803

Napoleón Bonaparte (1769-1821)

Para asegurarse de que llegara a Estados Unidos, enviaron mensajeros con copias del tratado en tres barcos distintos. Aún así, pasaron casi dos meses y medio antes de que el presidente Jefferson recibiera la noticia. El primer barco atracó el 14 de julio. Cuando se dio cuenta de lo que habían logrado sus enviados, el eufórico Jefferson se refirió a la compra como: "Una transacción repleta de bendiciones para millones de hombres aún no nacidos".

Capítulo 3

EL SUEÑO DE THOMAS JEFFERSON

Mucho antes de ser presidente de Estados Unidos, Thomas Jefferson soñaba con el oeste. Aunque Jefferson no se había aventurado a las tierras fronterizas, siempre se había imaginado que algún día los norteamericanos encontrarían el "Gran río del oeste" o el Pasaje al Noroeste, que conducía al océano Pacífico. Mientras fue secretario de estado y aun antes, había buscado al explorador perfecto para que hiciera realidad su sueño.

La expedición llegó a duras penas a Kettle Falls, en el río Columbia, en el condado de Stevens, Washington.

Después de ser elegido presidente, fijó su atención en el joven Meriwether Lewis, quien había sido su vecino en el condado de Albemarle, en Virginia. Lewis había servido seis años con las tropas de la frontera, y el presidente lo consideraba ideal para la misión. Le ofreció a Lewis el puesto de secretario personal del presidente. Lewis, que en ese tiempo era el tesorero del Primer Regimiento de Infantería de Estados Unidos, pronto aceptó.

El presidente Thomas Jefferson (1743-1826)

Meriwether Lewis (1774-1809)

William Clark (1770-1838)

Desde un principio, Jefferson y Lewis planearon una expedición al Pacífico. En 1802, Lewis había empezado a reunir el equipo y a calcular los gastos de semejante viaje. Los dos hicieron planes como si se tratara de una investigación científica, para no alarmar a los españoles o a los franceses, en cuyos territorios los exploradores iban a adentrarse. Lewis ordenó cuchillos, rifles y municiones y empezó a supervisar la construcción de una armazón de hierro para un barco, que nombró *The Experiment* (El experimento). Empezó a tomar clases de **navegación celestial** y consultó con un médico sobre cómo cuidar a sus hombres en tierras remotas.

El 18 de enero, Jefferson, calmadamente, le pidió fondos al Congreso para financiar una expedición para explorar el Oeste. La describió como una "búsqueda literaria" pero también tentó al Congreso con referencias a las "enormes cantidades de pieles" que Inglaterra estaba obteniendo de los nativos americanos a lo largo del río Missouri. El Congreso aprobó $2,500 para el plan.

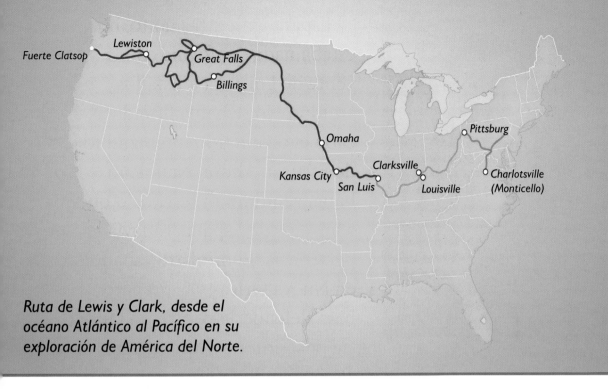

Ruta de Lewis y Clark, desde el océano Atlántico al Pacífico en su exploración de América del Norte.

El 14 de julio llegó la noticia a la Casa Blanca de que Luisiana ya le pertenecía a Estados Unidos y con esto, se desvaneció el secreto. Un mes antes, Lewis le había escrito a William Clark, con quien había servido en la frontera, pidiéndole que lo ayudara a encabezar la expedición. Clark era hermano de un héroe de la Guerra de Independencia, George Rogers Clark. William le contestó con gusto: "Amigo mío, te aseguro que no existe otro hombre con quien preferiría emprender 'tal viaje'". En septiembre, se encontraron en Louisville, Kentucky, donde reclutaron voluntarios y empezaron a reunir lo necesario para el viaje. Viajaron río abajo por el río Ohio hasta el Mississippi y luego río arriba a San Luis, Missouri, donde establecieron un campamento de invierno.

William Claiborne (1600-1677)

España, mientras tanto, no estaba nada conforme con la venta de Luisiana a Estados Unidos. No se había llevado a cabo el prometido intercambio de Etruria. Ahora, Napoleón había vendido un territorio que, a los ojos de España, todavía le pertenecía. El ministro español en Nueva Orleans se preparó para defenderla contra una toma de posesión norteamericana.

Pero cuando Jefferson amenazó con tomar Luisiana y la Florida por la fuerza, España retrocedió. El rey Carlos IV les ordenó a sus oficiales que le traspasaran Luisiana a Francia. El 30 de noviembre de 1803, el gobernador español puso las llaves de los fuertes de Nueva Orleans en una bandeja de plata y se las entregó al comisario francés, Pierre Laussat. Solo 20 días después, Laussat, que esperaba presidir sobre una Luisiana francesa, se paró en el balcón de un hotel con lágrimas en los ojos para entregar las llaves a William Claiborne, gobernador de Mississippi y a James Wilkinson, que entonces era el comandante general del Ejército terrestre de Estados Unidos. Se arrió la bandera francesa, que jamás volvería a ondear sobre ninguna colonia de Norteamérica.

Las reacciones a la compra de Luisiana en Estados Unidos variaron desde el entusiasmo incontrolable hasta las protestas furiosas. Los **federalistas** pensaban que era ridículo pagar $15 millones por, según las palabras del editor de un periódico: "Un monte deshabitado sin ningún ser viviente, salvo los lobos y los indios errantes".

Se iza la bandera estadounidense en Nueva Orleans.

La Constitución no estipulaba el derecho del presidente a adquirir tierras nuevas, y algunos pensaban que la compra era ilegal. La promesa de Jefferson de otorgar la ciudadanía a las personas que vivían fuera de Estados Unidos, también ocasionó protestas. Para el caso de que el tratado fuera revocado, Jefferson redactó el borrador de una enmienda constitucional que decía: "Luisiana, cedida por Francia a Estados Unidos, pasa a formar parte de Estados Unidos". Pero al oír que Napoleón podía arrepentirse, se dio prisa y llevó el tratado directamente al Senado, en lugar de introducir la enmienda. El Senado **ratificó** el tratado en solamente cuatro días y Luisiana se convirtió en tierra norteamericana el 20 de octubre de 1803.

CÓMO PAGÓ ESTADOS UNIDOS POR LUISIANA

En 1803, EE. UU. tenía una deuda de $7,852,000 y nada de dinero en efectivo. El ministro del tesoro de Napoleón, Francois de Barbé-Marbois, que se había encargado de los detalles del trato con Livingston, se ofreció a ayudar. Él se encargó de hacer los trámites para que un banco británico le prestara $15,000,000 a Estados Unidos. Aunque Inglaterra y Francia estaban en guerra, el primer ministro inglés aprobó el préstamo. Estaba ansioso por que Francia saliera de Norteamérica. El banco británico le pagó a Napoleón en efectivo y luego entregó Luisiana a Estados Unidos a cambio de **bonos** por un valor de $15,000,000. Estos deberían ser reembolsados con dividendos (a un **interés** de 6%) en un plazo de 15 años.

Este recibo firmado por Robert Livingston fue parte de la transacción.

El tratado de compra no delimitó las fronteras. Las únicas fronteras que los franceses habían reconocido eran aquellas que existían cuando la colonia era de España, y no estaban bien definidas. Las fronteras cercanas a Texas y a Nuevo México no estaban determinadas. Algunos detractores temían que los colonos, en aquel territorio inmenso, estarían tan desperdigados que sería imposible gobernarlos. También pensaban que los nativos, que eran desconocidos, podrían ofrecer resistencia a los colonos norteamericanos.

Los colonos no conocían a los nativos, como los atsinas de esta foto.

España y Estados Unidos no pudieron llegar a un acuerdo sobre la frontera occidental de Luisiana con Texas, que era parte de las propiedades españolas en México. Los intentos de resolver la situación fracasaron en 1805, cuando los dos países rompieron relaciones diplomáticas. Irónicamente, el general Wilkinson encontró una solución aceptable para ambos bandos, en parte porque ¡era espía al servicio de España! Este consistió en establecer una franja de terreno neutral, de la cual, por un período de 10 años, ninguna de las dos potencias estaría encargada. En 1819, ambos países firmaron un tratado que colocó la frontera a lo largo del río Sabine, donde aún se encuentra.

Capítulo 4

LA EXPEDICIÓN DE LEWIS Y CLARK

Como mucha gente de su época, Thomas Jefferson pensaba que los ríos deberían correr hacia el oeste, desde el río Missouri hasta el océano Pacífico. Una de las metas principales de la expedición de Lewis y Clark, cuyo nombre oficial era la Brigada de Descubrimiento, fue encontrar este "Pasaje al Noroeste". El capitán Meriwether Lewis tenía 30 años. El teniente William Clark, 34. El cuerpo de su expedición constaba de unos 45 hombres —exploradores jóvenes, soldados y guías franceses. Clark llevó también a su esclavo afroamericano llamado York —al que siempre se refería como "mi sirviente". El perro negro terranova de Lewis, "Seaman" (Marinero), también acompañó al grupo. La Brigada partió río arriba por el Missouri en un gran **barco de quilla** y dos piraguas. Los soldados remaban a lo largo de las márgenes para cazar y protegerse contra los ataques de los nativos. Para el caso de que no hubiera un río que se comunicara, Lewis llevaba ruedas y ejes para construir carretas y llevar los abastecimientos por tierra. Navegaron a vela, remaron, se impulsaron con pértiga o halaron el barco con sogas desde la orilla. En un buen día de viaje, lograban avanzar unas 14 millas (22.5 km).

Un barco de quilla es una embarcación larga y estrecha diseñada para viajar por ríos y aguas poco profundas.

Los buques de carga incluían cosas como medicinas, banderas, armas y regalos para las personas que encontraran en su travesía.

Después de viajar por 164 días y cerca de 1,600 millas (2,575 km), la Brigada llegó a los poblados de los amigables nativos mandan, cerca del actual Bismarck, Dakota del Norte. Como era invierno, decidieron plantar el campamento allí. Fue una decisión afortunada, porque conocieron a Toussaint Charbonneau, un nativo-canadiense, cuya esposa de 18 años sería de gran importancia para su viaje. Se llamaba Sacagawea, que significa "mujer pájaro". Se la habían robado a su familia shoshone en Montana Occidental cuando era una niña, y recordaba sus tierras muy bien. Hablaba varios idiomas nativos así como el francés. Como su esposo hablaba francés, y también inglés, con su ayuda Lewis y Clark pudieron conversar con Sacagawea. Convencer a esta pareja de que los acompañaran hasta el Pacífico, como **intérpretes,** resultó ser una decisión acertada que contribuyó al éxito de la expedición.

En junio de 1805, la Brigada de Descubrimiento llegó a

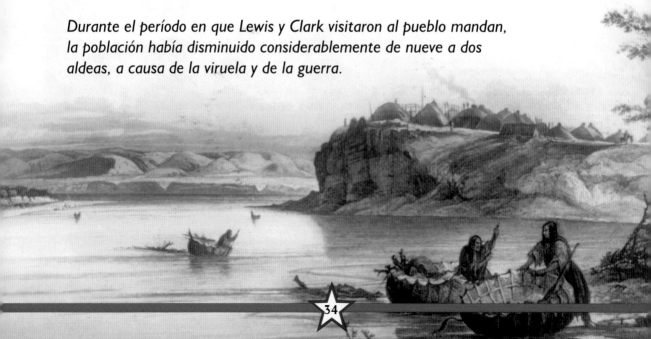

Durante el período en que Lewis y Clark visitaron al pueblo mandan, la población había disminuido considerablemente de nueve a dos aldeas, a causa de la viruela y de la guerra.

En camino al reencuentro con Clark, un hombre del grupo hirió a Lewis mientras cazaban alces. Aunque sufría de dolor, Lewis dirigió al grupo hasta el Missouri, donde construyeron barcos y se unieron con el grupo de Clark como habían planeado. Dejaron a Charbonneau, Sacagawea y Pompy en los poblados de las tribus mandan, y toda la Brigada regresó a San Luis, el 23 de septiembre de 1806. Habían recorrido más de 8,000 millas (12,875 km) en dos años, cuatro meses y diez días. Más o menos, la mitad del equipo había realizado la jornada completa, mientras que la otra mitad había regresado a medio camino, para llevarle mapas y muestras científicas al presidente Jefferson.

NUEVAS ESPECIES DESCUBIERTAS

Lewis y Clark llenaron una docena de libros de piel de alce con notas y dibujos. Documentaron científicamente y por primera vez, 178 especies de plantas y 122 de animales. Entre las plantas desconocidas estaban: bitterroot, raíz amarga; bear grass, hierba de oso; acebo; salal y salmonberry, baya de salmón. Algunos de los animales fueron enviados vivos a Jefferson, como un perrito de la pradera y cuatro urracas. Enviaron además restos de otros animales como cuernos de alce, la piel y los huesos de un tejón, el cuero de una comadreja y una túnica de bisonte pintada por la tribu mandan. Entre las criaturas identificadas por primera vez estaban la foca común, el cóndor de California, el borrego cimarrón, la cabra montesa, la trucha común, el gallo de las Artemisas, la urraca ocotera, el puma, el oso gris, el berrendo, la gaviota occidental, el mapache, el coyote y la ardilla terrestre. A algunos animales les pusieron los nombres de los líderes de la expedición, como el cascanueces de Clark y el pájaro carpintero de Lewis.

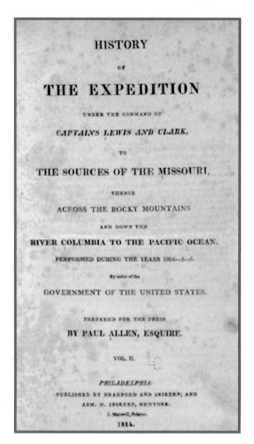

Página de un libro que relata la expedición de Lewis y Clark.

La Brigada de Descubrimiento no logró encontrar el Pasaje al Noroeste, pero sí ayudó a establecer la presencia de Estados Unidos en el noroeste del Pacífico. Lewis y Clark recopilaron una asombrosa "base de datos" sobre la tierra, las plantas, el clima y los nativos de ese territorio en su mayor parte inexplorado. La Brigada trazó el mapa de miles de millas de tierras inexploradas, preparando así el camino para la exploración y la colonización del territorio de Luisiana. Hicieron amistad con muchos grupos de nativos americanos, siendo los *blackfeets* una excepción, y anotaron y dibujaron cientos de detalles sobre sus vidas. Llevaron a cabo todo esto por un costo total de $38,727. En agradecimiento, el Congreso decidió doblarle el sueldo a cada miembro de la expedición y le dio 320 acres (130 hectáreas) de terreno a cada uno. Lewis y Clark recibieron 1,600 acres (648 hectáreas) de tierra y otras comisiones gubernamentales (a Charbonneau también le pagaron, pero Sacagawea no recibió ni un centavo).

Los diarios de Lewis y Clark se publicaron ocho años después de su regreso. Aún hoy representan un logro impactante. A pesar de tantas desventuras, solamente uno de los hombres murió durante la expedición, Charles Floyd, quien cayó enfermo en Iowa. Muchos puntos de referencia se han colocado a lo largo de la ruta de Lewis y Clark, para ayudar a la gente a trazar el viaje y comprender su importancia histórica.

Monumento en la tumba de Charles Floyd en Iowa

BIOGRAFÍAS

Muchas personas jugaron un papel importante en todo este período de tiempo. Aprende más acerca de ellos en esta sección.

Luis XIV (1638-1715) - Rey de Francia (1643-1715). Luisiana lleva su nombre desde 1682.

Carlos III (1716-1788) - Rey de España (1759-1788). Francia le dio Luisiana en 1763.

Toussaint L'Ouverture, François Dominigue (1744-1803) Líder de la Independencia de St. Domingue (Haití); aunque derrotó a las tropas de Napoleón en la isla, fue capturado y murió en una prisión francesa.

Barbé-Marbois, François de (1745-1837) - Ministro del tesoro de Francia bajo Napoleón.

Livingston, Robert (1746-1813) - Diplomático estadounidense que ayudó a negociar la Compra de Luisiana.

Monroe, James (1758-1831) - Quinto presidente de Estados Unidos (1817-1825); con Robert Livingston, negoció la Compra de Luisiana en 1803.

Charbonneau, Toussaint (1767-1843) - Nativo canadiense, esposo de Sacagawea, la intérprete y guía shoshone en la Brigada de Descubrimiento.

Bonaparte, Napoleón (1769-1821) - Oficial del ejército de tierra francés que tomó el poder después de la Revolución Francesa. Se proclamó emperador en 1804.

Clark, William (1770-1838) - Explorador estadounidense que, junto con Meriwether Lewis, encabezó la Brigada de Descubrimiento, la bien conocida exploración de la Compra de Luisiana (1804-1806).

Lewis, Meriwether (1774-1809) - Secretario del presidente Jefferson y explorador estadounidense; con William Clark, encabezó la Brigada de Descubrimiento en la exploración de la Compra de Luisiana (1804-1806).

Sacagawea (1788-1812) - Mujer shoshone que sirvió de guía e intérprete para Lewis y Clark durante su exploración de la Compra de Luisiana (1804-1806).

York - Esclavo afroamericano y compañero por vida de William Clark. Lo acompañó en la expedición. Cuando Clark le concedió su libertad, unos 10 años después de regresar, se mudó a Kentucky.

LÍNEA CRONOLÓGICA

1682
Exploradores franceses en el río Mississippi reclaman un inmenso territorio en nombre del rey de Francia, Luis XIV, y le dan el nombre de Luisiana.

1763
Con el Tratado de París que termina la Guerra con Francia y los nativos, Francia le da Nueva Orleans y Luisiana a España.

1775-1783
Las 13 colonias inglesas obtienen su independencia como resultado de la Guerra de Independencia y nacen los Estados Unidos de América.

1800
España devuelve Luisiana a Francia con el Tratado de San Ildefonso. Thomas Jefferson es elegido presidente de Estados Unidos y sirve hasta 1809.

1802
Carlos IV, rey de España, le entrega Luisiana oficialmente a Francia. El administrador español de Nueva Orleans le cierra el puerto a la navegación norteamericana.

1803
El presidente Jefferson envía a James Monroe a Francia para ayudar a Robert Livingston, el ministro de Estados Unidos, a hacer el intento de comprar Nueva Orleans. Logran la compra de toda Luisiana por $15 millones. El Congreso ratifica el tratado en noviembre.

1804-1806
Jefferson envía a Meriwether Lewis y a William Clark a una expedición llamada la Brigada de Descubrimiento, para explorar las regiones del norte y del sur de Luisiana.

1862
El Congreso aprueba la Ley de concesión de territorios. Ya en 1890, dos millones de personas se habían mudado al oeste y reclamado tierras según había legitimado la ley.

Mapa actual de los Estados Unidos que muestra el territorio ganado con la compra de Luisiana

● Compra de Luisiana

Mapa histórico que usaron Lewis y Clark

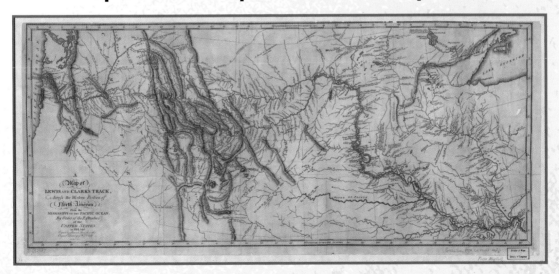

SITIOS EN LA INTERNET

geography.about.com/od/historyofgeography/History_of_Geography.htm

www.monticello.org/site/jefferson/lewis-and-clark-expedition

www.loc.gov/collection/louisiana-european-explorations-and-the-louisiana-purchase/about-this-collection/

DEMUESTRA LO QUE SABES

1. ¿En qué año España le devolvió Luisiana a Francia según el Tratado de San Ildefonso?

2. ¿En qué año Thomas Jefferson envió a Lewis y a Clark en la expedición conocida como la Brigada de Descubrimiento?

3. ¿En qué año el Congreso aprobó la Ley de concesión de territorios?

4. Nombra dos de las especies de animales que Lewis y Clark descubrieron en su expedición.

5. ¿Quién era Sacagawea y qué papel juega ella en la expedición de Lewis y Clark?

46

GLOSARIO

barco de quilla: barco de río, cubierta con casco poco profundo y parte inferior plana que se usa para transportar carga

bono: papel que representa una cantidad de dinero que se debe; papel que se vende para recaudar dinero que se reembolsará, con interés, en el futuro

costa: tierras que bordean el mar

desembocadura: apertura; el lugar donde un arroyo, riachuelo o río entra a un cuerpo de agua de mayor tamaño

enviado: persona que representa a un gobierno en sus negociaciones con otro

federalista: perteneciente al partido político estadounidense formado en 1787 y encabezado por George Washington

frontera: división entre dos países; región que está en el linde de un territorio poblado

interés: cantidad que se paga por el uso de dinero prestado, típicamente un porcentaje de la cantidad que se presta

intérprete: el que interpreta o traduce, por ejemplo, para las personas que hablan diferentes idiomas

nacimiento del río: lugar de donde brota un río o un arroyo

navegación celestial: trazar una ruta basándose en la posición de las estrellas, los planetas y otros cuerpos celestes

ratificar: aprobar algo formalmente

separarse: apartarse de una organización o nación

sucesor: el que sigue, especialmente uno que toma un trono u oficina

territorio: área geográfica; por ejemplo un área bajo control de EE. UU. con legislatura pero que aún no es estado

transporte de carga: medio para llevar o transportar productos, en especial por tierra

ÍNDICE